AF315550

ESTAMPES
JAPONAISES

PRÉCIEUSE COLLECTION
Provenant du Cabinet d'un Amateur

PIÈCES DE CHOIX

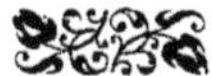

VENTE A L'HOTEL DROUOT
Le Samedi 19 Décembre 1896
A DEUX HEURES

PARIS
ERNEST LEROUX, ÉDITEUR
28, RUE BONAPARTE, 28

1896

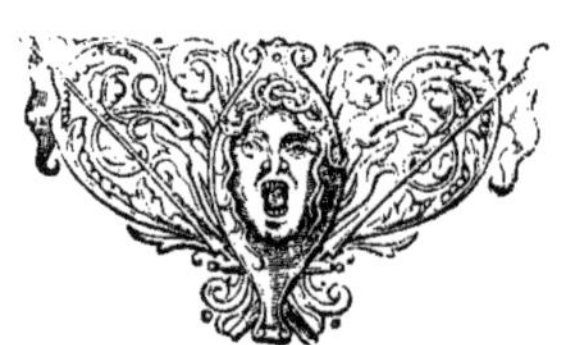

ANGERS, IMPRIMERIE DE A. BURDIN, 4, RUE GARNIER.

PRÉCIEUSE COLLECTION
D'ESTAMPES JAPONAISES

PIÈCES EXCEPTIONNELLES

CONDITIONS DE LA VENTE

La vente est faite au comptant.

Les adjudicataires paieront cinq pour cent en sus des enchères applicables aux frais.

M. Ernest Leroux se charge des commissions des personnes qui ne pourront assister à la vente.

PRÉCIEUSE COLLECTION

d'Estampes Japonaises

PROVENANT DU CABINET D'UN AMATEUR

PIÈCES DE CHOIX

VENTE A L'HOTEL DROUOT, SALLE N° 10

LE SAMEDI 19 DÉCEMBRE 1896

A DEUX HEURES

Par le Ministère de M⁰ MAURICE DELESTRE, Commissaire-Priseur,

Rue Saint-Georges, 5,

Avec l'assistance de M. ERNEST LEROUX, Libraire-Expert,

Rue Bonaparte, 28.

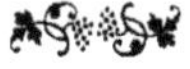

EXPOSITION PARTICULIÈRE	*EXPOSITION PUBLIQUE*
LE JEUDI 17 DÉCEMBRE	LE VENDREDI 18 DÉCEMBRE
Rue Coëtlogon, n° 10	A l'Hôtel Drouot, Salle n° 10
DE DEUX HEURES A CINQ HEURES	DE DEUX HEURES A SIX HEURES

PARIS

ERNEST LEROUX, ÉDITEUR

28, RUE BONAPARTE, 28

1896

PRÉCIEUSE COLLECTION

D'ESTAMPES JAPONAISES

Torii Kiyomitsou.

1. Scène de Nô à deux personnages. Pièce en noir, de format étroit.

2. Acteur en femme tenant à la main un présentoir. Riche et ample costume ; sur la manche, une fleur de lis jaune brodée sur fond noir. Format étroit, tirage à trois tons.

3. Sujet analogue. L'acteur Arashi Hinaji, dans le personnage de la belle Senjunomia. Pièce excellente.

Torii Kiyomassou.

4. Un acteur, en costume rose et jaune, avec surtout noir. Pièce à deux tons, noirs laqués.

Torii Kiyohiro.

5. Le marchand de fleurs. Très élégant dans son vêtement flottant, le jeune marchand s'avance en criant ses fleurs savamment disposées sur une étagère en bambou qu'il porte sur le dos. Jolie pièce.

Okoumoura Toshinobou.

6. Un homme portant une femme sur son dos. Amples costumes flottants avec des noirs laqués. Belle pièce de la série des *Ouroushi-é*.

7. Danseur de Nô. Estampe aquarellée.

Okoumoura Guenrokou.

8. Deux femmes battant des étoffes, une troisième accroupie devant un livre ouvert. Belle pièce coloriée à deux tons. Format oblong.

Atelier des Okoumoura.

9. Jeune femme lisant. Estampe à deux tons, rose et vert.

Sakawa Tikanobou.

10. Trois petits garçons autour d'un brasero. L'un d'eux s'est endormi et voit dans son rêve des singes qui poursuivent une tortue à coups de pierre. Estampe de grand format en hauteur, à deux tons, rose et vert.

Harounobou.

11. Deux jeunes femmes cueillant des roseaux au bord de la rivière. Aimable composition, à colorations vertes.

12. La guésha Sampasô, en costume de danseur, exécute la danse qui précède le lever du rideau. Format carré.

13. La cascade. Une jeune fille, à genoux sur un rocher, joue avec l'eau d'une cascade et se détourne, d'un geste charmant, pour éviter les éclaboussures. Pièce célèbre, d'un superbe tirage et d'une fraîcheur exceptionnelle.

14. Une dame descendant de son kagô, accompagnée de sa suivante qui tient au dessus de sa tête un parasol. Admirable pièce, à colorations roses, du plus beau tirage. (De la collection Duret.)

15. Deux femmes examinant des chrysanthèmes. Format carré.

16. Jeune homme agenouillé devant deux femmes, qui lui apparaissent dans un nuage et lui apportent une lettre et un coffret. Pièce oblongue à gaufrures.

17. Une femme venant à la fontaine, accompagnée d'un petit garçon qui chasse des insectes à coups d'éventail.

18. Pêche de nuit. Une femme, près d'une hutte éclairée par une torchère, tire de l'eau un grand filet.

Toutes ces estampes sont en tirage ancien et en parfaite condition.

19. Un Daïmiyo et deux personnages dans la campagne. Pièce en hauteur destinée à une illustration de l'*Isé monogatari*. Œuvre curieuse, d'un coloris léger, semblant attendre le tirage d'autres tons. Pièce rare.

Torii Kiyonaga.

20. La dame au petit chien. Belle pièce en hauteur.

21. Scènes de drame. Au dessus des acteurs, on voit les musiciens de l'orchestre. Deux pièces de grand format.

22. Deux autres pièces analogues. Scènes de comédie

23. Deux autres pièces. Scènes de comédie.

24. Promenade de courtisanes. Gracieuse composition en admirable tirage, avec gaufrures.

25. Jeunes femmes assises sur un banc.

26. Scène à trois personnages dans un parc.

27. Scène de comédie à trois personnages.

28. Femmes en promenade.

29. Enfant jouant du kôto.

Toutes ces pièces sont du plus beau tirage et en parfaite conservation.

30. La chasse du Daïmiyo. Dans un paysage terminé par la pyramide du Foudji, le gibier est poursuivi à coups de flèches par des chasseurs à cheval, tandis que les rabatteurs, les valets de chiens, les sonneurs précèdent le seigneur et sa suite. Beau diptyque, véritable document pour l'histoire de la vie seigneuriale au Japon.

31. La chasse du Daïmiyo. Même sujet en format kakémono. Très belle pièce.

Ishikawa Toyonobou.

32. Jeune couple se divertissant sous un saule. Charmante pièce, à tons rose et vert.

Kitao Shighémassa.

33. Les grues de Yoritomo, sujet souvent traité par les artistes japonais. Beau triptyque.

Bountcho (Ippitsousaï).

34. Jeune femme sur une terrasse au dessus d'un jardin. Gracieuse composition.

35. Un guerrier et une jeune femme sous un arbre en fleurs. Beau tirage, avec légères oxydations dans le fond.

36. Scène d'amour.

Koriousaï.

37. Promenade de courtisanes. Pièce en très beau tirage.

38. Une courtisane et sa kamouro. Dans le haut, une lanterne se détache sur le noir du ciel. Belle pièce en format kakémono.

Shouncho.

39. Deux acteurs. Diptyque.

40. Scène de drame. Un homme tenant une femme sous son talon et s'apprêtant à lui trancher la tête. Pièce fort intéressante, à comparer avec certaines représentations de Gorgone sur des vases grecs.

41. Acteur sous un parasol. Fond neigeux.

42. Un vieillard, personnage de drame. Pièce curieuse, comme dessin et comme colorations.

Toutes ces estampes de Shouncho sont des pièces de choix en excellent tirage sur la valeur desquelles il est iuutile d'insister.

43. Le dieu du Vent se jetant sur un guerrier. Format carré. A comparer avec le même sujet traité par Toyokouni (n° 108).

44. Une dame élégante, à l'ample vêtement, se promène dans la campagne. Pièce de la série d'estampes pour l'illustration des poésies de l'alphabet (lettre *Ro*).

45. Autre estampe de la même série. Lettre *Non*. Une dame dans un somptueux intérieur.

46. Deux femmes marchant au bord d'un torrent. Au fond, le Foudji. Jolie pièce de la jeunesse de Shouncho.

47. Scène de l'*Isé monogatari*. Couple princier, poursuivi par des soldats, la torche à la main. Belle pièce de format carré.

Shouniyeï.

48. Deux acteurs. Diptyque.

49. Deux acteurs. Diptyque.

50. Une guésha. — Scène de comédie à trois personnages. Deux pièces.

Pièces excellentes.

Shounko.

51. Acteurs de drame. Trois pièces formant triptyque.

52. Acteur en femme, dans un paysage neigeux.

53. Personnages de comédie. Deux pièces formant diptyque. Paysage neigeux.

Toutes ces pièces, de format étroit, sont du meilleur tirage.

Yeishi.

54. Quatre jeunes femmes examinant un kakémono. Gracieuse composition formant diptyque, en excellent tirage.

55. Les joueuses de kôto. Beau diptyque.

56. Jeune femme, peignant une image. — Courtisane examinant une plante dans un vase. Deux belles pièces de grand format.

57. Sieste et collation de jeunes femmes. Charmante composition, de format oblong, aux colorations délicates.

58. Courtisanes en promenade. Très belle pièce.

59. Une dame en somptueux costume ouvre son éventail sous une araignée qui tisse sa toile. Pièce excellente.

60. Trois femmes en promenade au bord de la mer.

61. Jeunes femmes se rencontrant à la promenade avec un élégant Samouraï. Au second plan, une pelouse où l'on distingue de nombreux personnages, et, dans le fond, des jardins et les premières maisons de la ville. Triptyque.

62. Promenade de courtisanes sous les cerisiers en fleurs, aux branches surchargées de devises. Beau triptyque dit des *Robes noires*.

63. Dans une longue barque rose, à la proue formée d'une gigantesque tête de paon, un orchestre de femmes, aux riches costumes, exécute un concert. Triptyque dans une gamme rose fort élégante.

Yeïzan.

64. Un petit garçon, aidé de sa mère qui prépare l'encre de Chine, peint un bonhomme en neige. Curieuse pièce en hauteur.

Yeïri, élève de Yeishi.

65. Une princesse, sur le rivage de la mer, accompagnée de quatre femmes de sa suite, lit une supplique que vient de lui présenter un jeune homme. Une de ses femmes tient au-dessus de sa tête un large parasol rouge. Beau triptyque, provenant de la vente Appert.

Yeiri (Rékisentéi),

artiste indépendant, qu'il ne faut pas confondre, avec le précédent, son contemporain. Les œuvres de celui-ci sont fort peu nombreuses et très rares.

66. La courtisane Wakoku, de la maison Itizenya. Élégante composition. (De la collection Duret.)

Yeisouï.

67. Deux portraits de courtisanes. Gracieuse composition, à tous lavés qui donnent à l'estampe un caractère tout particulier.

Shountscho.

68. Plaisirs de jeunes femmes. Neuf femmes et un enfant, réunis dans un parc, se livrent à leurs distractions favorites, la musique, la causerie, la chasse aux libellules. Superbe triptyque aux riches tonalités.

69. Trois femmes sur une terrasse, au pied de laquelle des cerisiers en fleurs jettent leur note rose sur le vert d'une pelouse. Très belle pièce.

70. Scènes des divers mois de l'année. Six compositions en trois feuilles de grand format.

71. Scène de drame. Pièce en excellent tirage.

72. Les bords de la rivière. Au premier plan, deux femmes sous un parasol et deux gamins allant pêcher à la ligne.

73. Groupes de personnages près de la pierre commémorative de la promenade d'Asukayama (faubourg d'Yédo). Belle pièce de grand format.

74. Le brasero. Deux femmes et une petite fille préparant le saké. Format carré.

Shounzan.

75. Guéshas. Pièce de grand format.

76. Fêtes du Niwaka. Trois personnages dans un champ de fleurs.

Sharakou.

77. Acteur de drame. Fond micacé.

78. Deux personnages de comédie, l'un maigre et l'autre gras. Deux types de coquins formant un contraste original, et d'un effet puissant, comme tout ce qui sort du pinceau de Sharakou.

Tchôki.

79. Trois femmes dans un élégant intérieur. Très belle pièce de cet artiste dont les œuvres sont si rares.

Outamaro.

80. Yama Ouwa donnant une leçon d'écriture à Kintoki. Celui-ci lui tire la langue et lui fait une grimace. Belle pièce de grand format.

81. Jeu de mains. Scène à trois personnages. Format oblong.

82. Fête des lanternes. Cinq femmes sur une terrasse au milieu de lanternes multicolores. Pièce d'un curieux effet, à colorations roses.

83. Trois courtisanes sous une treille de glycines illuminée de lanternes. Belle pièce de grand format.

84. Femme agenouillée derrière une moustiquaire verte et lisant. Grand format.

85. Courtisane portant une tasse sur un plateau de laque rouge. Superbe portrait, à la chevelure admirablement traitée.

86. Courtisane se regardant dans un miroir. Le haut de la tête est vu en transparence à travers un store vert. L'effet est curieux et fort bien rendu.

87. Promenade de courtisanes. Magnifique estampe.

88. Bouderie d'amoureux. Les personnages sont pris parmi les trente-six poètes.

89. Même sujet.

90. Une princesse à cheval, accompagnée d'une de ses dames. Au fond, le Foudji. Pièce d'un très beau tirage.

91. Un nid de cigognes. Grande pièce en noir.

92. Deux femmes, dont l'une a sa pipette à la bouche. Très belle estampe.

93. Les cuisinières. Excellente épreuve.

94. Courtisane, en magnifique costume, tenant dans ses bras un gros chat gris. Pièce superbe et du plus riche coloris.

95. Portrait de courtisane, robe noire et verte à décor 'd'éventails.

96. Taïko, entouré de femmes, tend une coupe à saké qu'il vient de vider.

 M. de Goncourt raconte qu'à propos de cette planche, où l'on trouva des allusions blessantes pour le Shogoun alors en exercice, Outaramo fut condamné à la prison.

97. Portraits de six femmes de six maisons différentes. Série de six planches, de la collection des Grandes Têtes. Véritables chefs-d'œuvre de dessin et d'impression.

98. Courtisanes arrangeant des fleurs dans des vases, portraits en pied. Charmante série de quatre pièces.

Toyohiro.

99. En chasse. Deux femmes, le sabre au côté, marchent dans la campagne. L'une porte un faucon sur le poing. Toutes deux ont les jambes couvertes d'un pantalon rouge.

Toyokouni.

100. Portrait d'acteur. De la série des Grandes Têtes. Personnage de

drame à la coiffure bizarre, masque traité en quelques coups de pinceau, à la manière de Sharakou.

101. Programme de théâtre. En haut, le titre de la pièce et le nom des acteurs. Au-dessous, dans un fouillis pittoresque, les principaux héros de la comédie.

102. Les dieux du Bonheur, symbolisés par sept jeunes femmes, en trois groupes aux couleurs chatoyantes. Très beau triptyque, d'un excellent dessin et d'un superbe tirage.

103. Trois jeunes femmes, sur la terrasse d'un jardin couvert de neige, arrangent des plantes dans des vases. Belle pièce de grand format.

104. Deux femmes attachant des devises à un cerisier en fleurs. Pièce intéressante. A noter le mouvement de la femme qui, craignant une chute, se retient d'une main à la branche, tandis que le vent soulève les amples draperies de son vêtement.

105. Une femme élégante, vêtue du jupon de paille des *siwo-koumi*, est debout dans une barque et lance un grand filet dans la mer. Elle se profile sur le ciel noir où le croissant de la lune se découpe bizarrement.

106. Les lavandières. Sur les bords d'un torrent, six jeunes femmes sont occupées à laver de grandes pièces d'étoffes, à les battre, à les presser sous leurs pieds nus. Charmant triptyque, en bon tirage.

107. Deux courtisanes dans un bois de bambous. Belle estampe en hauteur.

108. Scène de drame. Le dieu du Vent se jetant sur un guerrier. Composition curieuse où Toyokouni a su rendre avec une habileté infinie les mouvements violents des personnages et des éléments déchaînés.

109. Deux planches de la série des Rônins, en format oblong. Pièces du plus beau tirage.

110. Acteur comique. Portrait en buste. Le type rappelle celui de notre Pierrot. Pièce excellente.

Kounimaro.

111. Neuf courtisanes groupées autour d'une peinture représentant une cascade. Superbe triptyque, aux colorations élégantes, en excellent tirage.

Kouniyoshi.

112. La grande vague. Pièce fameuse de la série des Miracles du bonze Nitiren. Format oblong.

> Le prêtre Nitiren, fondateur du culte Nitiren-Shou, est célèbre au Japon par ses miracles. On le voit ici sauver une barque d'un naufrage, en écrivant sur l'eau une prière qui calme instantanément les vagues en furie.

113. Cascade à Oyama. Des gens, dont quelques-uns ont le corps couvert de tatouages, se baignent sous la chute, tandis que d'autres éclairent la scène avec des lanternes. Format oblong.

114. Parodie de la scène III des Rônins, Kakogawa Honjô offrant des présents à Kôno Moronao pour le rendre favorable à son maître. Les personnages sont ici représentés par des chats. — Parodie de l'histoire de Minamoto Yoshitsoumé. Celui-ci reçoit de son maître les derniers conseils au moment de partir en guerre. Nos personnages ont la forme de légumes.

Kouniyoshi et Hiroshighé.

115. Épisode des guerres de la Féodalité. Capture d'un guerrier de Heishi par ordre de Yoritomo (1195). Triptyque.

Hiroshighé.

116. Passage entre deux montagnes, au moyen de paniers supportés par des câbles. Pièce en hauteur.

117. Un village au pied du Foudji, par un temps de neige. Jolie pièce de petit format oblong.

117 *bis*. Marine. — Le Foudji, l'hiver. Deux estampes de petit format.

118. Poissons. Deux pièces de petit format.

119. Avenue de cryptomérias sous la neige. Très belle pièce de format oblong.

120. Les cerfs-volants. Format oblong.

121. Une ondée dans la montagne. Épreuve en excellent tirage.

122. Des collines sous la neige. Belle estampe de grand format.

123. Un étang glacé autour d'un petit temple. La neige tombe à gros flocons. Format oblong. Très bon tirage.

124. Le temple de Gohiakourakan, au bord d'un étang couvert de joncs. Jolie teinte rose dans les arbres entre les bleus du ciel et de l'eau.

125. Paysage couvert de neige. Fantaisie macabre où les collines ont l'aspect de têtes de mort, les arbres sont des squelettes, les menus objets des ossements. Pièce de grand format.

126. Un parc. Bel effet de neige.

127. Un homme poussant un petit radeau. Pièce de grand format.

128. Vol d'oies sauvages au dessus de collines. Au premier plan, la voile d'un bateau.

129. Paysage embrumé, rayé par une pluie diluvienne. Au bas de l'estampe, un cortège aux costumes rouges et verts franchit le pont d'un torrent. Pièce d'un admirable tirage.

130. Des paysans à cheval sur une étroite avenue bordée de cryptomérias, au milieu d'un vaste étang. Format oblong.

131. Un village sous la neige, au bord d'une rivière aux eaux bleues. Grande pièce d'un bel effet.

132. Colline ombragée par de grands pins, vers le soir. Belle estampe de format oblong.

133. Effet de brouillard à Mishima. Au premier plan, un cavalier et un groupe de porteurs. Excellente épreuve de cette pièce célèbre.

134. Paysage sous la pluie. Les gens se couvrent de leurs paniers pour lutter contre l'ondée.

135. Le pont de la Soumida sous une averse. Belle pièce de grand format.

136 Feu d'artifice sur la Soumida. Bonne épreuve.

137. Vue d'Hiratsouka. Une langue de terre, bordée de pins, conduit au village construit sur les bords d'un étang. Pièce rare, en fort beau tirage.

138. Vue de Nasaka. Des gens se rencontrant sur une large route bordée de gros arbres. Au fond, des collines et un ciel d'un beau rendu.

139. Vue de Goû. Une route avec des saules, au bord de la rivière. Dans le lointain, le Foudji. Format oblong.

140. Hamamatou. Des pins sur un rivage que viennent battre les vagues. Pièce oblongue, de bon tirage.

Toutes les estampes du grand paysagiste, qui figurent dans ce catalogue, sont des pièces de choix et quelques-unes des pièces de premier ordre sur lesquelles nous appelons tout spécialement l'attention des amateurs.

Hokusaï.

141. Trois pièces en bon tirage, de la série des *Vues du Foudji*.

142. Scène à trois personnages. Pièce de grand format oblong, tirée en sourimono.

143. Un homme et une femme donnant la liberté à des grues, après leur avoir attaché à la patte un papier commémoratif. Belle pièce de grand format oblong. (De la collection Duret.)

144. Sept personnages sur un pont de la Soumida. Au second plan, la rivière avec ses îlots, ses barques chargées de marchandises; dans le fond, un soleil couchant et une rive verdoyante.

145. La cueillette des champignons. Pièce de grand format oblong.

Keisaï Yeisen.

146. Pêche de nuit; des canards se mettent de la partie. Pièce bien connue. Format oblong.

Shounman.

147. Lavandières et galant. Diptyque en tirage monochrome, avec quelques rehauts de couleur.

Oda Inamoura.

148. Un tronc de palmier. Estampe oblongue. Pièce rare d'un artiste qui a peu produit.

SOURIMONOS

Série excellente de ces charmantes productions de l'art japonais, dans lesquelles peintres et graveurs donnent libre cours à toute leur gracieuse fantaisie, à tous les raffinements de leur talent et atteignent à une perfection qui n'a été dépassée nulle part.

149. Quatre sourimonos signés Hokusaï et Sôri. Portraits de courtisanes.

150. Calendrier pour 1797, par Hokusaï. Danse de guésha.

151. Deux porteuses de sel et un enfant près d'une ancre au bord de la mer. Jolie pièce.

152. Trois sourimonos, dont deux portent le cachet de Shounman. Fleurs et coquillages.

153. Jeu des coquillages, par Gakouteï. — Partie de volant. Deux charmantes pièces.

154. Calendrier de l'année 1802, par Toyokouni, avec un personnage de Nô sur fond argenté.

155. Guésha se couchant, par Hokusaï (1797). — Guésha lisant, signé Teishi.— Montreuse de singe, par Shounman. — Lavandière dont la figure rappelle le masque d'Okamé. Quatre jolies pièces de petit format.

156. Monôme. Une dame armée d'un long balai et suivie de neuf

gamins. Signé Sôri, 1797. — Femme tirant de l'eau à un puits,
par Shikimaro.

157. Promenade nocturne, par Hokusaï. — Le portefaix, par Shinsaï.

158. Oiseau sur une branche de cerisier en fleurs, par I-sai, élève
d'Hokusaï. — Cigognes au bord d'un torrent, par Toyohiro. —
Saule agité par le vent.

159. Éléphant avec sa selle, par Shounman. — Acteur et acrobate,
par Toyokouni.

160. Paon près d'une cascade. Très beau sourimono de Hokkeï.

161. Trois singes venant boire à une fontaine. Jolie pièce, par Keisaï
Yeisen.

162. Acteur en costume de courtisane, par Kouniyoshi. — Déesse
au milieu des nuages sur un fond noir, par Kounisada.

163. Deux sourimonos de Shinsaï. Carpe dans un torrent. — Gâ-
teaux et pipe.

164. Boîte en étain sur laquelle est gravé en relief un quadrupède
qui rappelle certains animaux héraldiques de notre blason. Pièce
intéressante, par Harukawa Gohiti.

165. Femmes jouant à la balle. — Enfants près de grands parasols.
Deux sourimonos par Hokusaï.

166. Petits oiseaux venant se baigner dans une fontaine en forme de
monstre dévorant. Curieux sourimono d'Hokkeï.

167. Kintoki enfant tue un sanglier. — Kintoki vieux rêve du temps
où il assommait les ours dans la montagne. Deux beaux sourimonos
d'Hokkeï.

168. Épisode légendaire des guerres de Corée. Le singe allié faisant
surgir de terre des soldats, par la seule puissance de son souffle.

169. Femme encapuchonnée, debout dans la campagne couverte de
neige. Beaux sourimono de Kouniyoshi.

170. Fleurs et papillons, par Tani Bountchô (vers 1800).

171. Enfant sur des échasses. — Fête du jour de l'an. Les Manzaï. Deux sourimonos d'Hokkeï.

172. Fruits dans une corbeille, par Hokkeï. — Singe et crabe, par Keisaï Yeisen.

173. Guerrier légendaire. par Kounisada. — Le joueur de flûte, par Hokkeï.

Ce sourimono d'Hokkeï était reproduit dans *le Rêve*, à l'Opéra, sur un éventail formant le fond du décor.

174. Deux paons dans les fleurs, par Shounman. — Deux coqs, par Zeshin.

175. Coucher de soleil, par Shinsaï. — Tasse et friandises, par Kou·nimarou.

176. Un radeau poussé par deux bateliers. Sourimono oblong de Shinsaï.

177. Marine. Une baie bordée de collines. Pièce non signée. de grand format oblong. Beau tirage à gaufrures.

Angers, Imprimerie orientale de A. Burdin.

www.ingramcontent.com/pod-product-compliance
Ingram Content Group UK Ltd.
Pitfield, Milton Keynes, MK11 3LW, UK
UKHW022339170726
13837UKWH00005BA/2322